Cómo apoya a su niño o niña con el aprendizaje de la lectura y la escritura

Una guía para familias

BONNIE CAMPBELL HILL

HEINEMANN

Portsmouth, NH

Heinemann
361 Hanover Street
Portsmouth, NH 03801–3912
www.heinemann.com

Oficinas y agentes en todo el mundo

El autor y la editorial desean agradecer a todos aquellos que generosamente dieron su permiso para reimprimir el material que se pidió en préstamo:

"Balanced Literacy" chart adapted by permission from *Guided Reading: Good First Teaching for All Children* by Irene C. Fountas and Gay Su Pinnell. Copyright © 1996 by Irene C. Fountas and Gay Su Pinnell. Published by Heinemann, Portsmouth, NH. All rights reserved.

Cover image and "Orange" illustration from *Growing Colors* by Bruce McMillan. Copyright © 1988 by Bruce McMillan. Used by permission of HarperCollins Publishers.

Book cover image and excerpt from *We Like the Sun* by Ena Keo in *Pair-It Books, Emergent Stage 1.* Copyright © 1997 by Harcourt Achieve Inc. Reproduced by permission of the publisher. This material may not be reproduced in any form or by any means without the prior written permission of the publisher.

Cover image and Monday pg. from *Cookie's Week* by Cindy Ward. Text copyright © 1988 by Cindy Ward, illustrations copyright © 1988 by Tomie dePaola. Used by permission of G. P. Putnam's Sons, A Division of Penguin Young Readers Group, A Member of Penguin Group (USA) Inc., 345 Hudson Street, New York, NY 10014. All rights reserved.

Cover image and art and text from p. 9 of *Frog and Toad Together* by Arnold Lobel. Text copyright © 1971, 1972 by Arnold Lobel. Used by permission of HarperCollins Publishers.

Cover image and p. 53 (illustration) from *Cam Jansen and the Mystery of the Stolen Diamonds* by David Adler, illustrated by Susanna Natti. Text copyright © 1981 by David Adler, illustrations copyright © 1981 by Susanna Natti. Used by permission of Viking Penguin, A Division of Penguin Young Readers Group, A

Member of Penguin Group (USA) Inc., 345 Hudson Street, New York, NY 10014. All rights reserved.

Cover image and excerpt from p. 1 of *Charlotte's Web* by E. B. White. Copyright © 1952 by E. B. White. Text copyright renewed 1980 by E. B. White. Used by permission of HarperCollins Publishers and International Creative Management, Inc.

Cover image from the 2005 edition of *Hatchet* by Gary Paulsen. Copyright © 1989. Reprinted by permission of Macmillan Children's Books, Macmillan Publishers, Ltd.

Excerpt from *Hatchet* by Gary Paulsen. Copyright © 1987 by Gary Paulsen. Reprinted with the permission of Atheneum Books for Young Readers, an imprint of Simon & Schuster Children's Publishing Division and Flannery Literary Agency.

Cover image and excerpt from *Maniac Magee* by Jerry Spinelli. Copyright © 1990 by Jerry Spinelli. Reprinted by permission of Little, Brown and Company.

Cover image and excerpt from *The Giver* by Lois Lowry. Copyright © 1993 by Lois Lowry. Reprinted by permission of Houghton Mifflin Company. All rights reserved.

Cover image and excerpt from *Shabanu* by Suzanne Fisher Staples. Copyright © 1989 by Suzanne Fisher Staples. Jacket art © 1989 by Stephen T. Johnson. Maps © 1989 by Anita Karl and James Kemp. Used by permission of Alfred A. Knopf, an imprint of Random House Children's Books, a division of Random House, Inc.

Library of Congress Cataloging-in-Publication Data
Hill, Bonnie Campbell.
 [Supporting your child's literacy learning. Spanish]
 Cómo apoyar a su niño o niña con el aprendizaje de la lectura y la escritura : una guía para familias / Bonnie Campbell Hill.
  p. cm.
 ISBN-13: 978-0-325-01244-5 (alk. paper)
 ISBN-10: 0-325-01244-X (alk. paper)
 1. Language arts (Elementary)—United States.   2. Education, Elementary—Parent participation—United States.   I. Title.
LB1576.C313718 2007
372.6—dc22   2007027246

Editor: Leigh Peake
Producción: Abigail M. Heim
Composición: Gina Poirier Graphic Design
Diseño de tapa y interior: Gina Poirier Graphic Design
Elaboración: Louise Richardson

Impreso en los Estados Unidos de América en papel libre de ácido
17 16 15 14   VP   6 7 8 9

Reconocimientos

Esta guía se desarrolló durante ocho años con la ayuda de
maestros, profesores universitarios, editores, padres y estudiantes de todo el mundo.
Gracias a Christopher-Gordon por permitir incluir los descriptores y los consejos
prácticos para la familia de *Developmental Continuums* (Hill, 2001). Ésas fueron las
semillas germinativas que lo hicieron posible.

Deseo agradecer a Ann Ebe y a Madeleine Maceda Heide de Hong Kong
International School, quienes crearon una bella versión preliminar de esta guía para
familias. Además, Ann, Madeleine, y Carrie y Glenn Ekey ayudaron a reunir ejemplos
de escritos de estudiantes y fotografías para la primera mitad de esta guía para familias.
También deseo agradecer a Betsy Suits, quien amplió la guía durante las últimas cinco
etapas y extrajo ejemplos escritos y fotografías de grados intermedios, secundaria y
preparatoria de International School de Bangkok. Agradezco a todos los estudiantes y
familias de International School de Bangkok y Hong Kong International School por
permitir incluir sus fotografías y ejemplos escritos en esta guía para familias.

Agradecemos a los maestros, familias y estudiantes quienes gentilmente nos permi-
tieron usar sus fotografías en la tapa y en las primeras páginas de este manual: Troi
Graves; David y Conrad Bratz; Celeste, Paulina, y Susan Campbell; Rachel Lee; Mary
Freeman Soto y su estudiante e Yvonne y David Freeman (y la foto por Julie Farias
Photography); Bruce Hill; Florence Campbell y Keith Bolling; Megan Sloan y su clase;
Anne Klein y Valerie Brayman; y Jake, Toby y Matthew Mills.

La generosidad de estas personas de todo el mundo hizo posible este proyecto y ello
refleja mi profunda convicción de que compartir y colaborar enriquece nuestras vidas.

Introducción

Después del nacimiento de mis tres hijos, con ansiedad pedía consejos a mis padres, hermanos y otros familiares sobre cómo cuidar y atender a mis bebés. Intercambiaba ideas con amigos, leía concienzudamente libros de puericultura que daban las pautas del desarrollo de mis hijos durante su primer año. Sin embargo, cuando empezaban el jardín de infantes y les empacaba sus sándwiches de mantequilla de maní en loncheras nuevas, los ayudaba a subir a su primer autobús escolar amarillo y los saludaba con la mano, mi corazón volvía a estar lleno de ansiedad, junto con sueños y esperanzas. ¿Había hecho todo lo que debía para prepararlos para la escuela? ¿Qué podía esperar mientras se embarcaban en el nuevo mundo de la escuela? Lo que quería era un libro, como los libros sobre bebés, que me señalara el camino que mis hijos recorrerían en su alfabetización y describiera las pautas de lectoescritura que debía esperar mientras avanzaban en la escuela. Como muchos otros padres, quería respuestas a dos preguntas sinceras sobre el desarrollo de la lectoescritura de mis hijos:

¿Cómo le va a mi niño o niña en el aprendizaje de la lectura y la escritura?
¿Qué puedo hacer para ayudar?

Todos llevamos vidas ajetreadas, así que la meta de este libro es dar respuestas breves y accesibles a esas dos preguntas. En las próximas cuatro páginas usted encontrará:

- un resumen breve de la investigación sobre aprender a leer y a escribir
- una descripción de los estándares de lectura y escritura
- una explicación de los componentes de la lectoescritura y
- una descripción de cómo se desarrollan los lectores y escritores en un continuo de lectoescritura

El resto de la guía luego presenta, en cada una de las diez etapas del continuo, ejemplos de lectura y escritura junto con dos o tres sugerencias de lo que usted puede hacer para apoyar la lectura y escritura de su hijo en casa. ¡Por supuesto que este libro únicamente no es suficiente! Espero que se comuniquen con el maestro de su niño o niña. El maestro puede brindar sugerencias adicionales específicas para los puntos fuertes, necesidades e intereses de su niño o niña. Los niños progresan cuando se les nutre como lectores y escritores, en la escuela y en el hogar. Espero que este libro sea una herramienta útil y que celebren el aprendizaje de lectoescritura de su niño o niña.

¿Qué dice la investigación acerca de aprender a leer y a escribir?

- La lectoescritura se desarrolla en el marco de las actividades de la vida real para "hacer lo que hay que hacer". Los niños aprenden mejor en el hogar y en la escuela cuando leen y escriben con propósitos reales y para audiencias reales. ¡Por ejemplo, escribir una carta a un amigo que se mudó lejos o a un autor de un libro favorito es mucho más atractivo que llenar una planilla, porque hay un propósito real y una audiencia real, y hasta posiblemente una carta de respuesta!

- Un aprendizaje más profundo ocurre cuando los niños participan activamente. Ello significa que cuando los niños usan ortografía inventada, activamente construyen una comprensión de cómo funciona el idioma inglés, en vez de simplemente memorizar reglas. Al permitir a veces que los niños descifren una palabra desconocida cuando leen, y que hagan preguntas después que usted terminó el cuento, ellos se transforman en lectores activos y por lo tanto lectores más sólidos.

- Los objetivos y expectativas en cuanto a logros de los niños en lectura y escritura deben estar de acuerdo con su desarrollo, es decir que presenten desafíos pero que sean alcanzables. Es importante que no se presione a los niños a que lean libros demasiado difíciles. Los niños necesitan muchas oportunidades de escritura y mucha práctica de lectura de libros que sean "simplemente adecuados" para que puedan consolidar las nuevas destrezas que aprenden.

- Es fundamental el papel de los adultos con una actitud interesada, comprometida y de apoyo. Los maestros y la familia aportan los "andamios" al dar la ayuda necesaria para que los niños puedan probar nuevas destrezas a medida que se independizan cada vez más.

- La adquisición de la lectura y la escritura se conceptualiza óptimamente como un continuo del desarrollo. No obstante, aunque hay patrones comunes, *los niños aprenden a su propio ritmo y a su manera*. En la escuela, los maestros tienen una variedad de formas de evaluar el progreso de los niños en la lectura y en la escritura para ayudarlos a avanzar con los siguientes pasos en su aprendizaje. El maestro puede decirle qué puede hacer usted para apoyar su desarrollo de la lectoescritura de su niño o niña en el hogar.

- El mejor regalo que puede hacerle a su niño es una lectura en voz alta todos los días. La investigación demuestra que el apoyo más importante para que los niños tengan éxito definitivo en la lectura es leerles en voz alta. ¡No deje de leer en voz alta cuando los niños puedan leer por sí mismos! Usted puede desarrollar fluidez, expresión y un amor por la lectura, que reafirmará la lectura que su niño o niña hace en la escuela.

- Anime a su niño a leer independientemente en su casa. La cantidad de lectura que los niños hacen fuera de la escuela tiene una correlación directa y positiva con el logro de la lectura.

¿Cómo se enseña a leer y a escribir en la escuela?

Cuando ayudé a mi hijo a aprender a andar en bicicleta, primero aprendió observándome, luego yo corría a su lado y sujetaba el asiento. Al tener más seguridad, de a poco lo dejé solo durante períodos cortos de tiempo mientras zigzagueaba y él mismo hallaba el equilibrio. Hasta que experimentó la emoción de ir cuesta abajo sin ayuda. Después de eso, necesitó práctica en los repechos y recorrer distancias más largas.

Los maestros hacen lo mismo al ayudar a los niños a aprender a leer y escribir. Ellos leen *a* los estudiantes diariamente. También leen *con* los estudiantes durante la lectura guiada y compartida, con toda la clase y en grupos pequeños. Los estudiantes conversan sobre los libros que leen con amigos en discusiones de círculo de literatura y durante las conversaciones individuales con el maestro. Los estudiantes también necesitan mucho tiempo para leer solos todos los días, tanto en la escuela como en el hogar. Y, finalmente, necesitan práctica a medida que pasa el tiempo con textos cada vez más difíciles. Una estructura similar se presenta al enseñar a escribir. En la tabla que sigue, puede ver los componentes básicos del tipo de programa balanceado de lectoescritura que hallará en muchas aulas de la escuela elemental.

Lectoescritura balanceada

LECTURA

Lectura en voz alta
El maestro lee en voz alta para todo el grupo o para grupos pequeños. Se usa un cuerpo cuidadosamente seleccionado de literatura infantil; la colección contiene una variedad de géneros y representa la diversidad de nuestra sociedad. Los textos favoritos, seleccionados por sus características especiales, se releen varias veces.

Lectura compartida
El maestro usa una ampliación del texto que los niños puedan ver, y así hace participar a los niños en la lectura. El proceso a menudo incluye la lectura de libros largos, poemas, canciones y escritos de los estudiantes.

Lectura guiada
El maestro trabaja con grupos pequeños de lectores con habilidades similares de lectura. El maestro selecciona e introduce textos nuevos y respalda a los niños cuando leen todo el texto para sí mismos, y establece pautas didácticas antes, durante y después de la lectura.

Lectura independiente
Los niños leen solos, o con un compañero, textos extraídos de una amplia gama de materiales, que incluyen una colección especial para su nivel de lectura.

ESCRITURA

Escritura representada
El maestro representa su escritura usando un proceso de pensar en voz alta.

Escritura compartida e interactiva
El maestro y los niños conjuntamente componen mensajes e historias. El maestro puede hacer de copista o usar una técnica de bolígrafo compartido que haga participar a los niños en la escritura

Escritura guiada
Los niños emprenden la escritura de una variedad de textos. El maestro guía el proceso y brinda instrucción a través de minilecciones y conversaciones individuales.

Escritura independiente
Los niños escriben sus propias obras. Pueden ser historias, escritos informativos o persuasivos, respuesta a la literatura y poesía.

Estudio de las palabras
En el entretejido de estas actividades, los maestros tienen oportunidades de ayudar a los niños a percibir y usar letras y palabras; el conocimiento y el vocabulario se estimula adicionalmente con minilecciones, actividades y el uso de tablas y afiches de palabras.

Adaptado de Fountas, Irene C. y Gay Su Pinnell. 1996. *Guided Reading: Good First Teaching for All Children.* Portsmouth, NH: Heinemann, 22–23.

¿Qué son los Estándares de lectura y escritura?

Probablemente usted haya oído muchos comentarios acerca de los estándares en los últimos años. Las escuelas están trabajando con ahínco para articular metas y expectativas claras para la enseñanza y el aprendizaje en todas las áreas del currículo. Comparar el progreso de los estudiantes con estos estándares es como llevar a los niños al médico para un control de salud, año a año en septiembre. Yo deseo asegurarme que mis niños presenten las pautas normales de estatura y peso y, si no es así, deseo saber qué debo hacer.

A pesar de que los estándares pueden variar ligeramente en los diferentes países y estados, la mayoría de los documentos curriculares de Arte del Lenguaje, en los grados K a 8, incluyen estándares de lectoescritura que son muy similares a los de la tabla siguiente. Es importante recordar:

1. La actitud es una parte crucial de aprender a leer y a escribir. Nuestra tarea más importante como familia es apoyar e infundir ánimo.
2. Debemos concentrarnos en lo que los niños tratan de comunicar por escrito *antes* de enfocar la ortografía y la gramática.
3. Leer es algo más que decir palabras (decodificar). Leer es interpretar el significado. La comprensión es un aspecto vital de aprender a leer.

ESTÁNDARES DE LECTURA

Estrategias de lectura
Los estudiantes comprenden y usan diferentes destrezas y estrategias para leer.

Tipos de textos/géneros
Los estudiantes leen diferentes géneros y materiales para una variedad de propósitos.

Lectura oral
Los estudiantes leen en voz alta con fluidez y expresión.

Comprensión y respuesta
Los estudiantes comprenden el significado de lo que se lee y responden de varias maneras.

Actitud ante la lectura y autoevaluación
Los estudiantes leen en busca de información, comprensión y recreación. Evalúan su proprio progreso y se fijan sus propias metas de lectura.

ESTÁNDARES DE ESCRITURA

Estrategias de escritura (Contenido/Atributos)
Los estudiantes escriben clara y efectivamente, usando organización, selección de palabras, fluidez oracional y voz efectivas.

Tipos de texto/géneros
Los estudiantes escribirán varias formas y géneros para distintas audiencias y con distintos propósitos.

Proceso de escritura
Los estudiantes comprenden y usan los pasos del proceso de escritura (preescritura, borrador, revisión, edición y publicación).

Mecánica y convenciones
Los estudiantes exploran el uso del lenguaje y aplican convenciones dentro del contexto de su escritura.

Actitud ante la escritura y autoevaluación
Los estudiantes analizan y evalúan la efectividad del trabajo escrito y se fijan metas de escritura.

¿Cuáles son las etapas en el desarrollo de la lectura y la escritura?

¿Cómo puedo ayudar?

Mi hijo mayor dio sus primeros pasos a los 12 meses, mi hija a los 10 meses y mi hijo menor a los 14 meses, ¡pero todos siguieron su camino hasta el día de hoy! De la misma manera, no todos los niños aprenden a leer o a escribir exactamente en el mismo momento. Hay una secuencia predecible de etapas en el desarrollo de la lectoescritura, que se basa en el intervalo "normal" típico de lectura y escritura en los niños. En las páginas siguientes de esta guía, hallará descripciones de las diez etapas en el desarrollo de la lectura y la escritura. La "estimación" para el crecimiento se indica con la superposición en intervalos de edad para cada etapa del continuo. Los continuos de lectura y escritura son como un mapa vial que muestra el camino recorrido y el camino por recorrer de los estudiantes. Las etapas son como anuncios a lo largo del camino (ver página 9).

Es importante recordar que el desarrollo de la lectura y la escritura lleva tiempo. Los niños pequeños necesitan muchas y variadas experiencias de lectura y escritura para crecer como educandos en la lectoescritura. Los niños estarán en diferentes etapas en diferentes momentos, y ello dependerá de muchos factores. Si el inglés no es la primera lengua de su niño o niña, él o ella atravesará las mismas etapas, pero más lentamente a medida que transfiere destrezas de su lengua materna al inglés. Pero es importante seguir conversando, leyendo y escribiendo con su niño en la lengua de la familia para apoyar el crecimiento cognitivo y el desarrollo de vocabulario.

A medida que lea las descripciones de cada etapa del continuo, observe los ejemplos de escritura y los tipos de libros que los niños típicamente leen en cada etapa y vea si puede identificar la etapa de su niño o niña en la lectura y escritura. Cada página incluye una sección "Consejos para la familia" donde hallará ideas de cómo apoyar el desarrollo de la lectoescritura de su niño o niña en su casa. Trate de brindar tantas oportunidades auténticas como pueda para estimular la lectoescritura en su casa y ayude a su niño o niña a hallar libros que vayan con sus intereses. Junto con el maestro, usted puede ayudar a que su niño o niña sea un lector y escritor competente y entusiasta a lo largo de su vida.

Continuo
de Lectura/Escritura

La niñez es un recorrido . . .

no una carrera

PRECONVENCIONAL 1

2 EMERGENTE

EN DESARROLLO 3

4 PRINCIPIANTE

EN EXPANSIÓN 5

6 CONSOLIDA

DESENVUELTO 7

8 COMPETENTE

CONECTA 9

INDEPENDIENTE 10

LECTURA
ESCRITURA

Lectores preconvencionales

consejos
PARA LA FAMILIA

✓ **Lea libros con ilustraciones atractivas adecuadas para la edad y los intereses de su niño o niña. Los niños a esta edad prefieren libros con ritmo, rima y repetición.**

✓ **Responda las preguntas y converse acerca del cuento y las ilustraciones. ¡La lectura en común debe ser divertida!**

✓ **Anime a aventurar posibilidades a medida que los niños aprenden a leer y memorizan sus primeros libros. Pida a su niño o niña que coree las líneas que se repiten.**

Los niños en etapa Preconvencional demuestran curiosidad por los libros y la lectura. Disfrutan escuchando la lectura de libros y pueden tener sus favoritos. Los niños se concentran mayormente en las ilustraciones en esta etapa, a medida que hablan del cuento. Les apasionan las canciones y los libros con ritmo, repetición y rimas. Los estudiantes participan en la lectura haciendo coro cuando los adultos leen en voz alta, y los niños a esta edad a menudo disfrutan con los mismos cuentos que les leen en voz alta una y otra vez. Los lectores preconvencionales se interesan en los impresos a su alrededor, como señales de tránsito y anuncios comerciales, etiquetas y logotipos. Los niños sostienen correctamente los libros y dan vuelta las páginas a medida que observan las ilustraciones. Conocen los nombres de algunas letras y pueden leer y escribir su nombre.

Los lectores preconvencionales comenzarán a leer libros sencillos como éste.
En esta etapa, los niños se concentrarán fundamentalmente en las ilustraciones.

Tipos de textos y lectura oral

- Comienza a escoger materiales de lectura (p. ej. libros, revistas y gráficas) y tiene sus favoritos.
- Muestra interés por leer anuncios, etiquetas y logotipos (impresos a su alrededor).
- Reconoce su propio nombre impreso.

Estrategias de lectura

- Sostiene un libro y da vuelta a las páginas correctamente.
- Puede indicar el principio y el final de un libro o de una historia.
- Conoce el nombre de algunas letras.

Comprensión y respuesta

- Escucha y reacciona a la literatura.
- Hace comentarios acerca de las ilustraciones en los libros.
- Participa en lectura de grupo (libros, rimas, poemas y canciones).

Escritores preconvencionales

En la etapa Preconvencional, los niños se respaldan en las ilustraciones para mostrar el significado. A menudo simulan escribir y hacen garabatos. Los niños a veces hacen letras y números al azar para representar palabras. Algunos niños añaden "palabras" a sus dibujos para compartir el significado. A menudo cuentan historias acerca de sus dibujos.

Observe las letras al azar que acompañan este dibujo.

consejos
PARA LA FAMILIA

Aporte materiales de escritura (como papel, bolígrafos, tiza o marcadores) y un rincón o área para escribir. Puede tener una 'caja del escritor' con hojas de papel, marcadores y crayones en un lugar conveniente.

Modele la escritura todos los días (listas del mercado, cartas y notas). Pida a su niño o niña que añada una palabra o dibujo.

Juegue con el lenguaje cantando canciones, jugando con palabras que riman, señalando avisos y conversando acerca de letras y palabras.

Tipos de textos
- Depende fundamentalmente de sus propios dibujos para trasmitir significado.
- Empieza a añadir palabras a sus dibujos.
- Escribe su nombre.

Contenido y atributos
- Demuestra una percepción de que las letras impresas llevan un significado.

Mecánica y convenciones
- Hace marcas además de dibujar en el papel (garabatea).
- Escribe letras reconocibles al azar para representar palabras.

Actitud y autoevaluación
- Da explicaciones acerca de sus dibujos y escritura.

Lectores emergentes

En la etapa Emergente, los niños se interesan en el material impreso y se consideran lectores potenciales. Pueden simular que leen libros y poemas conocidos. Los niños se respaldan en las ilustraciones para contar una historia pero comienzan a prestar atención a la parte impresa. Participan en lecturas de libros conocidos y a menudo comienzan a memorizar sus favoritos, como *Brown Bear, Brown Bear, What Do You See?* por Bill Martin, Jr. (1967). Los niños comienzan a establecer conexiones entre los libros que se leen en voz alta y sus propias vidas y experiencias. Disfrutan las rimas y del juego con palabras. Los lectores emergentes conocen casi todos los nombres y algunos sonidos de las letras. Reconocen algunos nombres, anuncios y palabras conocidas. Estos niños a menudo están sumamente motivados para aprender a leer y pueden atravesar rápidamente esta etapa.

consejos
PARA LA FAMILIA

✓ **Pida libros con cinta grabada o CD de la biblioteca. Escúchelos a la hora de acostarse o en el automóvil.**

✓ **Familia, ¡asegúrense de leer también a los niños!**

✓ **Escríbale notas a su niño o niña (coloque las notas en la lonchera, sobre la cama, en el espejo, o bajo la almohada) usando palabras sencillas.**

Los lectores emergentes leerán libros sencillos como éste, con un patrón.

Penguins like the sun.

Tipos de textos y lectura oral
- Memoriza libros con frases repetitivas, poemas y libros conocidos.
- Empieza a leer anuncios, etiquetas y logotipos (impresos a su alrededor).

Actitud
- Demuestra entusiasmo por aprender a leer.

Estrategias de lectura
- Simula que lee.
- Hace uso de ilustraciones para contar historias.
- Lee de arriba hacia abajo, de izquierda a derecha y del frente hacia atrás con ayuda.
- Sabe el nombre de la mayoría de las letras y conoce algunos sonidos de letras.
- Reconoce algunos nombres y palabras en contexto.
- Hace predicciones significativas con ayuda.

Comprensión y respuesta
- Rima y juega con palabras.
- Participa en la lectura de libros conocidos y poemas.
- Establece conexiones entre los libros que le leen y sus experiencias personales, con ayuda.

Escritores
emergentes

Los niños en esta etapa comienzan a verse como escritores. Algunos niños comienzan a rotular sus dibujos con unas pocas letras. Pueden escribir su nombre y algunas palabras conocidas de una forma que los demás puedan leer. Pueden escribir sólo los sonidos que oyen al comienzo, o al comienzo y al final. En la etapa emergente, los niños a menudo escriben todo con letras mayúsculas. Pueden simular que leen sus propios escritos, y a menudo inventan historias y las adornan.

Este estudiante usa una grafía inventada para escribir: Fui a nadar a Bali.

consejos
PARA LA FAMILIA

Mantenga un calendario familiar en el que usted y su niño puedan escribir eventos venideros y cosas para recordar.

Apoye la grafía inventada y pida a los niños que escriban los sonidos que oyen, para que activamente descubran cómo funciona el idioma.

Cree un centro de mensajes con un tablero de anuncios o ranuras para recibir correo. Anime a su niño o niña a escribir notas para los miembros de la familia.

Tipos de textos
- Usa dibujos y letras impresas para dar significado.
- Escribe palabras para describir o explicar sus dibujos.
- Copia anuncios, etiquetas, nombres y palabras (impresos a su alrededor).

Contenido y atributos
- Demuestra entendimiento de la relación entre letra y sonido.

Mecánica y convenciones
- Escribe con letras de imprenta mayúsculas.
- Establece la correspondencia correcta de las letras con sus sonidos.
- Usa consonantes iniciales para construir palabras.
- Usa consonantes iniciales y finales para construir palabras.

Actitud y autoevaluación
- Simula que lee su propia escritura.
- Se ve a sí mismo como escritor.
- Aventura posibilidades al escribir.

Lectores en desarrollo

Los niños en esta etapa se consideran lectores. Pueden leer libros con frases repetitivas simples, como *Dear Zoo* (Rod Campbell, 1982) o *Mrs. Wishy-Washy* (Joy Cowley, 1999), o textos sencillos como *Go, Dog, Go!* (P. D. Eastman, 1961). Más adelante en esta etapa, pueden leer libros con frases repetitivas que varían más, como *Just for You* (Mercer Mayer, 1975) o *Cookie's Week* (Cindy Ward, 1988).

Comienzan a leer libros independientemente durante períodos cortos de tiempo (cinco a diez minutos) y les gusta compartir sus libros con los demás. Los lectores en desarrollo conocen casi todos los sonidos de las letras y pueden leer palabras sencillas (como *dog* y *me*) y unas pocas palabras muy comunes en la lengua (como *have* y *love*). Reconocer frases repetitivas y familias de palabras ayuda a los lectores a generalizar lo que saben de una palabra a palabras nuevas similares. Usan el texto impreso y las ilustraciones para dar significado a medida que leen. Los niños a menudo leen en voz alta palabra por palabra, en especial con un texto nuevo. Ganan fluidez con libros conocidos y lecturas repetidas. Estos jóvenes lectores pueden volver a narrar la idea principal de una historia y participar en discusiones literarias de grupo. Esta es otra etapa que los niños pueden atravesar rápidamente.

Los lectores en desarrollo leerán historias como ésta con poco texto y el apoyo de las ilustraciones.

Tipos de textos y lectura oral
- Lee libros con frases repetitivas simples.
- Empieza a leer su propia escritura.

Actitud
- Empieza a leer independientemente por períodos cortos (de 5 a 10 minutos).
- Comparte con otros sus textos favoritos.

Estrategias de lectura
- Se apoya en ilustraciones y el texto.
- Se guía con el dedo al leer el texto.
- Conoce los sonidos de casi todas las letras.
- Reconoce palabras simples.
- Usa su comprensión acerca de segmentos de sonidos (p. ej. fonemas, sílabas, rimas) para leer palabras.
- Empieza a hacer predicciones significativas.
- Identifica títulos y autores en la literatura (características textuales).

Comprensión y respuesta
- Vuelve a narrar un evento o idea principal de la literatura.
- Participa en discusiones literarias dirigidas.

Autoevaluación
- Se considera lector.
- Explica, durante conversaciones dirigidas en clase, por qué le gusta o no le gusta la literatura.

Escritores en desarrollo

Pida a su niño o niña que participe en la redacción de invitaciones para una fiesta, etiquetas con nombres, notas de agradecimiento, tarjetas de San Valentín, tarjetas para días festivos, etc. Asegúrese de planificar con suficiente antelación para que su niño o niña tenga tiempo suficiente.

Pida a sus niños que envíen tarjetas postales a amigos cuando viajen en familia. Asegúrese de llevar estampillas y las direcciones.

Mantenga un diario familiar de libros, cines, restaurantes o bromas favoritas. Pida a su niño o niña que añada comentarios o reacciones.

Los estudiantes en la etapa En desarrollo escriben nombres y palabras conocidas. Comienzan a escribir varias oraciones cortas acerca de un tema. Los lectores en desarrollo a veces usan los sonidos del principio, medio y final para formar palabras. Por ejemplo, *learn* en inglés podría escribirse *LRn*. Este respaldo en los sonidos de las letras se llama *grafía inventada*, *grafía fonética* o *grafía temporal*. En esta etapa, los estudiantes deletrean correctamente algunas palabras muy frecuentes en la lengua. A veces cambian la mayúscula por la minúscula y experimentan con letras mayúsculas y puntuación sencilla. Escriben de izquierda a derecha y comienzan a incluir espacios. Los estudiantes son capaces de leer sus propias redacciones en voz alta inmediatamente después que escriben, pero más tarde tal vez no recuerden lo que escribieron.

Este escritor emergente usa grafía convencional y fonética para escribir esta página acerca de las nubes.

Cumulus clouds can build up to be big clouds.

And if it is cold enough it can be snow. If it is warm, it will rain. Sometimes that means a good day if they are sprinkled around the sky.

Tipos de textos
- Escribe una o dos frases sobre un tema.
- Escribe nombres y palabras conocidas.

Contenido y atributos
- Produce sus propias ideas para escribir.

Mecánica y convenciones
- Escribe de arriba hacia abajo, de izquierda a derecha y del frente hacia atrás.
- Entremezcla letras mayúsculas y minúsculas.
- Experimenta con letras mayúsculas.
- Experimenta con la puntuación.
- Empieza a dejar espacios entre las palabras.
- Usa una creciente percepción de segmentos de sonidos (p. ej. fonemas, sílabas, rimas) para escribir palabras.
- Deletrea palabras según el sonido, sin tomar en cuenta patrones ortográficos convencionales.
- Usa sonidos iniciales, medios y finales para construir palabras.

Actitud y autoevaluación
- Empieza a leer su propia escritura.

EDADES 6–8

Lectores
principiantes

Los lectores principiantes se respaldan más en el texto impreso que en las ilustraciones para crear significado. Cuando leen en voz alta, comprenden la puntuación básica, como el punto final, signo de interrogación y de exclamación. Al principio, leen libros sencillos para principiantes, como *The Napping House* (Audrey Word, 1984). Los estudiantes dan un gran paso cuando aprenden a leer libros más largos, como *The Cat in the Hat* (1957) o *Green Eggs and Ham* (1960) por Dr. Seuss.

Más adelante en esta etapa, pueden leer libros más difíciles para principiantes, como *Frog and Toad Together* (Arnold Lobel, 1971) y libros más complejos con ilustraciones, como *A Bargain for Frances* (Russell Hoban, 1970). A menudo disfrutan libros de series sencillas, como los libros Little Bear por Else Minarik o las series humorísticas Commander Toad por Jane Yolen. Muchos de estos libros vienen marcados como libros "I Can Read" (Puedo leer) en la tapa. Los lectores principiantes dan un salto en su desarrollo al comenzar a integrar estrategias de lectura (significado, estructura oracional e indicaciones fónicas clave). Pueden leer en silencio durante diez a quince minutos. Estos niños conocen muchas palabras muy comunes en la lengua y ocasionalmente se autocorrigen cuando su lectura no tiene sentido. Son capaces de discutir acerca de los personajes y eventos en una historia con la ayuda de un adulto. Cuando leen textos sencillos no ficticios, como *Mighty Spiders* (Fay Robinson, 1996) or *Dancing with Manatees* (Faith McNulty, 1994), pueden hablar de lo que aprenden. Atravesar esta etapa puede llevar mucho más tiempo a los niños, debido a la amplia gama y complejidad de textos en este nivel.

consejos
PARA LA FAMILIA

✓ **Comience a leer libros en series. Si lee algunos de los libros, los niños con frecuencia leerán solos el resto de la serie.**

✓ **Después de terminar una historia, converse acerca de los eventos y personajes.**

✓ **Señale maneras de interpretar palabras además de decir el sonido (observar el dibujo, descomponer la palabra en palabras más pequeñas, seguir leyendo, o pensar sobre qué tendría sentido).**

Los lectores principiantes en la última parte de esta etapa leerán libros como éste con vocabulario sencillo e ilustraciones en todas las páginas, o cada dos páginas.

Tipos de textos y lectura oral
- Lee libros fáciles para lectores principiantes.
- Lee libros más difíciles para principiantes.
- Lee y sigue instrucciones escritas simples con ayuda.
- Identifica géneros básicos (p. ej. ficción no ficticios y poesía).
- Hace uso de la puntuación básica cuando lee oralmente.

Actitud
- Lee independientemente (de 10 a 15 minutos).
- Elige materiales de lectura independientemente.
- Aprende nueva información procedente de la lectura y la comparte con otros.

Estrategias de lectura
- Usa indicaciones clave de significado (contexto).
- Usa indicaciones clave en oraciones (gramática).
- Usa indicaciones clave en combinaciones de letras y sonidos, y patrones repetitivos (fonética).
- Reconoce de vista segmentos finales de palabras, al igual que una gran cantidad de palabras frecuentes.
- Comienza a autocorregirse.

Comprensión y respuesta
- Vuelve a narrar el principio, el medio y el final con ayuda.
- Discute los personajes y eventos de l historia con ayuda.

Autoevaluación
- Identifica las características de su conducta al leer con ayuda.

Escritores
principiantes

En la etapa Principiante, los niños escriben oraciones cortas reconocibles con algunas palabras descriptivas. Pueden escribir de una a dos páginas completas acerca de sus vidas y experiencias, o hechos simples sobre un tema. Los estudiantes a veces usan letras mayúsculas y puntos finales correctamente. Muchas letras son legibles y los adultos por lo general pueden leer lo que el niño o niña ha escrito. Los estudiantes escriben fonéticamente algunas palabras y otras correctamente. Por lo general deletrean correctamente palabras sencillas y algunas muy frecuentes en la lengua, a medida que son más conscientes de los patrones ortográficos. Los escritores principiantes a menudo comienzan un cuento con "Once upon a time…" y terminan con "The End". Los niños pueden revisar agregando detalles con la ayuda de un adulto. Disfrutan al compartir sus escritos con otros. Los estudiantes pueden permanecer más tiempo en esta etapa que en las anteriores, a medida que logran la fluidez.

Este escritor principiante usa grafía convencional y fonética para escribir estas dos páginas completas acerca de una caminata de campo por la orilla de un riachuelo.

consejos
PARA LA FAMILIA

Si tiene una computadora, anime a su niño o niña a enviar correos electrónicos a amigos y familiares.

Pida a su niño o niña que le lea lo que ha escrito. Responda primero al contenido e ideas. En esta etapa, la confianza y la actitud del niño o niña frente a la escritura son muy importantes.

Proponga juegos con palabras como *Junior Scrabble* o *Hangman*.

Tipos de textos
- Escribe de una a dos páginas completas acerca de un tema.
- Escribe acerca de sus observaciones y experiencias.
- Escribe textos cortos no ficticios (hechos simples acerca de un tema) con ayuda.

Contenido y atributos
- Elige sus propios temas a escribir.

Proceso
- Lee su escritura y reconoce sus errores con ayuda.
- Revisa y añade detalles con ayuda.

Mecánica y convenciones
- Deja espacios entre las palabras coherentemente.
- Construye claramente la mayoría de las letras.
- Escribe textos que él mismo y otros pueden leer.
- Usa grafía fonética para escribir independientemente.
- Deletrea correctamente palabras simples y algunas palabras comunes.
- Comienza a usar correctamente el punto final y las letras mayúsculas.

Actitud y autoevaluación
- Comparte su escritura con otros.

Lectores
en expansión

En la etapa En expansión, los estudiantes consolidan destrezas a medida que leen libros para principiantes con capítulos. Muchos niños leen libros de series y releen viejos favoritos mientras acceden a otros tipos de lectura. En la primera parte de esta etapa, pueden leer libros de series cortas, como Pee Wee Scouts (Judy Delton) o Pinky and Rex (James Howe). A medida que logran la fluidez, los estudiantes a menudo devoran libros de series como Cam Jansen (David Adler), Bailey School Kids (Debbie Dadey y Marcia Thornton Jones), o Amber Brown (Paula Danziger). Puede que también lean textos no ficticios, como *Pompeii... Buried Alive!* (Edith Kunhardt, 1987). Los estudiantes están aprendiendo cómo escoger libros para su nivel de lectura y pueden leer en silencio durante quince a treinta minutos. Leen con desenvoltura en voz alta y comienzan a autocorregirse cuando cometen errores o cuando su lectura no tiene sentido. Por lo general pueden deducir palabras difíciles pero aún están construyendo su vocabulario de lectura. En esta etapa, los niños usan una variedad de estrategias de lectura independientemente. Estos niños establecen conexiones entre la lectura y la escritura, y sus propias experiencias. Los lectores en expansión son capaces de comparar los personajes y eventos de historias diferentes. Pueden conversar acerca de sus propias estrategias de lectura y fijarse metas, con la ayuda de un adulto.

Los lectores en expansión a menudo disfrutan los libros de series cortas como éste con argumentos y personajes conocidos.

consejos
PARA LA FAMILIA

✓ **Lea y compare varias versiones de una historia (como un cuento de hadas o un cuento popular).**

✓ **Suscríbase a una revista o pida revistas en la biblioteca.**

✓ **Anime a su niño o niña a practicar la lectura en voz alta a sus hermanos, parientes o abuelos.**

Tipos de textos y lectura oral
- Lee libros simples con capítulos.
- Escoge, lee y termina una variedad de textos del nivel adecuado con ayuda.
- Empieza a leer en voz alta con fluidez

Actitud
- Lee en silencio durante períodos más largos (de quince a treinta minutos).

Estrategias de lectura
- Usa adecuadamente las estrategias de lectura, según el texto y el objetivo de la lectura.
- Hace uso de indicaciones clave en la estructura de las palabras (p. ej. raíces prefijos, sufijos, abreviaturas) cuando se enfrenta a palabras desconocidas.
- Aumenta su vocabulario haciendo uso de indicaciones clave en el significado (contexto).
- Se corrige a sí mismo para dar el significado.
- Sigue instrucciones escritas.
- Identifica el nombre de los capítulos y el índice de materias (organizadores del texto).

Comprensión y respuesta
- Resume y vuelve a narrar los hechos de un texto, en el orden correcto.
- Responde y establece conexiones personales con los hechos, personajes y situaciones en la literatura.
- Compara y contrasta los personajes y eventos de la historia.
- "Lee entrelíneas" con ayuda.

Autoevaluación
- Identifica sus propias estrategias de lectura y se fija metas con ayuda.

Escritores
en expansión

Los estudiantes en esta etapa pueden escribir poemas e historias acerca de sus experiencias e intereses, y también obras cortas que no sean de ficción. Usan oraciones completas y sus escritos contienen un desarrollo lógico de ideas. Sus historias a veces contienen un comienzo, una parte media y un final. Los escritores en expansión pueden añadir descripción, detalle y lenguaje interesante con la ayuda del maestro. Disfrutan leyendo sus escritos en voz alta y son capaces de dar opiniones específicas a otros estudiantes. Sus destrezas de edición comienzan a ampliarse, aunque todavía pueden necesitar ayuda, a medida que editan la puntuación, ortografía y gramática. Su escritura es legible, y el acto de escribir ya no les exige el mismo esfuerzo. Los estudiantes deletrean correctamente muchas palabras comunes al comenzar a integrar los patrones y reglas ortográficas.

Esta estudiante en la etapa en expansión escribió un librillo de tres páginas. Véase el uso de la puntuación, diálogo, y que ella editó su propio escrito.

consejos
PARA LA FAMILIA

Suministre cuadernos vacíos o libros en blanco para usar como diarios o registros.

Haga libros junto con los niños acerca de viajes, eventos, días festivos y la familia.

Concéntrese primero en el contenido. Sea un oyente que apoya la escritura de su niño o niña.

Tipos de textos
- Escribe historias cortas de ficción y poesía con ayuda.
- Escribe una variedad de textos cortos no ficticios (p. ej. hechos acerca de un tema, cartas, listas) con ayuda.

Contenido y atributos
- Escribe teniendo en cuenta una idea central.
- Escribe haciendo uso de oraciones completas.
- Organiza sus ideas en una secuencia lógica, en escritos de ficción y no ficticios, con ayuda.
- Empieza a reconocer y usar un lenguaje interesante.

Proceso
- Hace uso de varias estrategias previas a la escritura (p. ej. red de ideas, lluvia de ideas) con ayuda.
- Escucha los escritos de otros y ofrece ayuda.
- Empieza a considerar las sugerencias de otros sobre su escritura.
- Añade descripciones y detalles con ayuda.
- Edita sus escritos para corregir letras mayúsculas y puntuación con ayuda.
- Publica sus propios escritos con ayuda.

Mecánica y convenciones
- Escribe de manera legible.
- Deletrea correctamente la mayoría de las palabras comunes y se aproxima a la ortografía convencional.

Actitud y autoevaluación
- Identifica las estrategias que usa al escribir y se fija metas con ayuda.

Lectores que consolidan

Ésta es una etapa de Consolidación en la que los estudiantes refuerzan sus destrezas leyendo libros más largos con argumentos, personajes y vocabulario más complejos. A menudo escogen libros bien conocidos para niños, como los libros de Ramona (Beverly Cleary) o la serie de la Encyclopedia Brown (Donald Sobol). Los estudiantes también disfrutan series más recientes, como *Goosebumps* (R. L. Stine), Animorphs (K. A. Applegate), y Baby-sitters Club (Ann Martin). Ellos pueden ampliar sus intereses leyendo una mayor variedad de materiales, como *Storyworks*, *Contact for Kids*, o las revistas *Sports Illustrated for Kids*, o las series no ficticias *The Magic Schoolbus* (Joanna Cole). Comienzan a leer en voz alta con expresión y a menudo memorizan algo de la poesía humorística de Shel Silverstein y Jack Prelutsky. Con la ayuda del adulto, los lectores en la etapa Consolida pueden usar recursos, como enciclopedias y la Internet, para buscar información. Pueden responder a temas e ideas en libros, y también a hechos y eventos de una historia. Muchos estudiantes son capaces de establecer conexiones entre su lectura y otros libros y autores. Los estudiantes en esta etapa comienzan a respaldar sus opiniones con razones y ejemplos en discusiones grupales de literatura.

consejos
PARA LA FAMILIA

✓ **Anime a su niño o niña a probar géneros nuevos de lectura (poesía, fantasía, ficción histórica y no ficticios).**

✓ **Siempre lea en voz alta a su niño o niña. Puede modelar la desenvoltura y un amor por la lectura.**

✓ **Cuando su niño o niña haga preguntas, busque con él o ella las respuestas en libros, enciclopedias, el periódico o la Internet.**

Tipos de textos y lectura oral
- Lee libros de nivel medio con capítulos.
- Elige textos del nivel apropiado.
- Expande su conocimiento de los diferentes géneros (p. ej. ficción realista, ficción histórica y fantasía).
- Lee en voz alta con expresión.

Estrategias de lectura
- Usa diversos recursos (p. ej. enciclopedias, CD-ROMs y textos informativos) para encontrar y seleccionar información con ayuda.
- Reúne información usando índice de materias, títulos, glosarios e índices (organizadores del texto) con ayuda.
- Reúne y usa información de gráficas, diagramas, tablas y mapas con ayuda.
- Aumenta su vocabulario usando indicadores clave contextuales, recursos (p. ej. diccionario y tesauros) y otras estrategias de lectura con ayuda.
- Demuestra comprensión de la diferencia entre hecho y opinión.
- Sigue instrucciones escritas de varios pasos por sí mismo.

Comprensión y respuesta
- Discute acerca del escenario, trama, personajes y puntos de vista (elementos literarios) con ayuda.
- Responde a temas e ideas en la literatura, así como a los hechos o eventos de una historia.
- Establece conexiones con otros autores, libros y perspectivas.
- Participa en discusiones literarias dirigidas en grupos pequeños.
- Usa razones y ejemplos para respaldar sus ideas y opiniones con ayuda.

Escritores que consolidan

Los escritores que consolidan comienzan a desarrollar y organizar sus ideas en párrafos. Los estudiantes en esta etapa son capaces de escribir acerca de sus sentimientos y opiniones, y también escriben textos de ficción, poesía y no ficticios. Sin embargo, ésta es una época de práctica y la escritura a menudo es dispareja. Los escritores pueden concentrarse en un aspecto de una obra y prestar menos atención a otros. Por ejemplo, un estudiante puede concentrarse en verbos fuertes y lenguaje descriptivo, en tanto las convenciones y la organización pasan a un segundo plano. Los estudiantes aún requieren gran cantidad de modelación del adulto y guía en esta etapa. Los escritores que consolidan están aprendiendo que el significado más exacto puede trasmitirse usando descripción, detalles y lenguaje interesante. Los estudiantes experimentan con el diálogo en sus escritos. Son capaces de editar la ortografía, la puntuación y la gramática. También experimentan con diferentes tipos de escritos a medida que componen obras más largas de varios géneros. Los escritores que consolidan usan el proceso de escritura para repasar, editar y publicar su trabajo con apoyo del adulto.

consejos
PARA LA FAMILIA

En los borradores finales, ayude a su niño o niña a revisar primero el significado. La edición ortográfica y de puntuación vienen después de la revisión. (¡Una secretaria puede editar, pero rara vez revisa!) Deje el bolígrafo en las manos de su niño o niña.

Ayude con unas pocas destrezas cada vez, para que la revisión no resulte abrumadora. La revisión y la edición imponen un desafío para los jóvenes escritores.

Tipos de textos
- Escribe acerca de sentimientos y opiniones.
- Escribe historias de ficción con principio, medio y final bien definidos.
- Escribe poesía usando un lenguaje cuidadosamente elegido con ayuda.
- Escribe textos no ficticios bien organizados (p. ej. informes, cartas y listas) con ayuda.

Contenido y atributos
- Empieza a usar párrafos para organizar sus ideas.
- Usa verbos fuertes, lenguaje interesante y diálogos con ayuda.

Proceso
- Busca las reacciones de otros acerca de su escritura.
- Hace revisiones para lograr claridad con ayuda.
- Hace revisiones para realzar sus ideas, agregando descripciones y detalles.
- Usa varios recursos (p. ej. tesauros y glosarios) para producir escritos más efectivos con ayuda.
- Edita sus escritos para corregir puntuación, ortografía y gramática con ayuda.
- Publica sus escritos en formatos refinados con ayuda.

Convenciones
- Incrementa el uso de estrategias visuales, reglas de ortografía y conocimiento de las partes de las palabras para escribirlas correctamente.
- Usa comas y apóstrofos correctamente con ayuda.

Actitud y autoevaluación
- Usa pautas establecidas de buena escritura para fijar sus propias metas con ayuda.

Lectores
desenvueltos

Los estudiantes ya son lectores independientes cuando llegan a la etapa Desenvuelto. Escogen una variedad de literatura infantil para leer, que les impone desafíos, durante períodos más largos de tiempo (treinta a cuarenta minutos). Los libros que escogen tienen personajes plenamente desarrollados y argumentos intrincados. Disfrutan leyendo historias de supervivencia como *Hatchet* (Gary Paulsen, 1987) o *On the Far Side of the Mountain* (Jean Craighead George, 1990). Algunos niños prefieren libros de fantasía, como *James and the Giant Peach* (Roald Dahl, 1961), o series de misterio como *Nancy Drew* (Carolyn Keene) o *The Hardy Boys* (Franklin Dixon). Muchos lectores en la etapa Desenvuelto disfrutan con revistas como *National Geographic Kids*, *American Girl*, o *Time for Kids*. Los estudiantes son capaces de usar recursos, como diccionarios y tesauros. También usan la Internet o sitios Web para buscar información. En esta etapa, los niños contribuyen con respuestas meditadas cuando conversan o escriben acerca de libros. Su comprensión alcanza un nuevo nivel cuando "leen entrelíneas" para lograr niveles más profundos de significado. Están aprendiendo a evaluar sus propias estrategias de lectura y son capaces de fijarse metas.

consejos
PARA LA FAMILIA

✓ **Lea la crítica literaria en periódicos, revistas y en la Internet. Busque esos libros en la biblioteca o librería. Regale libros.**

✓ **Converse acerca de palabras interesantes que encuentra mientras lea. Busque el significado junto con el niño o niña en el diccionario u online.**

Tipos de textos y lectura oral
- Lee literatura infantil desafiante.
- Selecciona, lee y termina una gran variedad de géneros con ayuda.
- Empieza a desarrollar estrategias y pautas para seleccionar textos.
- Lee en voz alta con fluidez, expresión y confianza.

Actitud ante la lectura
- Lee en silencio por períodos más largos (de treinta a cuarenta minutos).

Estrategias de lectura
- Empieza a usar varios recursos (p. ej. enciclopedias, artículos, Internet y textos informativos) para encontrar información.
- Reúne información usando índices de materias, títulos, glosarios e índices (organizadores del texto) por sí solo.
- Empieza a usar varios recursos (p. ej. diccionarios de palabras y de sinónimos y antónimos) para aumentar su vocabulario en diferentes áreas temáticas.

Comprensión y respuesta
- Empieza a discutir literatura con referencia a escenario, trama, personajes y tema (elementos literarios) y habilidades del autor.
- Genera respuestas orales y escritas bien pensadas en grupos pequeños de discusión literaria dirigida.
- Empieza a usar vocabulario nuevo en sus respuestas, orales y escritas, a la literatura.
- Empieza a obtener significados profundos al "leer entrelíneas".

Actitud y autoevaluación
- Empieza a fijarse metas e identifica estrategias para mejorar en la lectura.

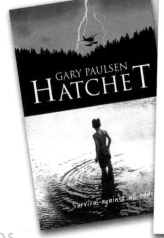

Escritores desenvueltos

La etapa de Desenvuelto es progresivamente más compleja. Los estudiantes comienzan a escribir obras organizadas de ficción y no ficticias con distintos propósitos y para distintas audiencias. Escriben historias con diversos personajes, problemas y soluciones con apoyo del adulto. Experimentan con introducciones, finales y estructuras oracionales complejas. Los estudiantes comienzan a revisar para hallar atributos específicos de la escritura, como organización o elección de palabras. Los escritores desenvueltos son capaces de editar correctamente la puntuación, gramática y ortografía. Los estudiantes en esta etapa disfrutan al escribir poesía con un lenguaje cuidadosamente elegido. Comienzan a hablar acerca de calidad de la buena escritura en los diferentes géneros. En este nivel, los estudiantes comienzan a leer como escritores y experimentan con diferentes estilos y formas de escritura.

consejos

PARA LA FAMILIA

Ayude a su niño a revisar un atributo únicamente. Usted puede ayudar a editar cuando le pida ayuda.

Anime a su niño o niña a compartir los escritos terminados con amigos y familiares y a hablar acerca del proceso de escritura. Anime a su niño a inscribirse en una competencia de escritura.

Tipos de textos

- Empieza a escribir textos de ficción y no ficticios bien organizados (p. ej. informes, cartas, biografías y autobiografías).
- Desarrolla historias con tramas donde incluye problemas y soluciones con ayuda.
- Crea personajes en sus historias con ayuda.
- Escribe poesía usando un lenguaje cuidadosamente elegido.

Contenido y atributos

- Empieza a escribir oraciones más largas y más complejas.
- Varía las introducciones y los finales con ayuda.
- Usa descripciones, detalles y símiles con ayuda.
- Usa diálogos con ayuda.

Proceso

- Usa estrategias variadas para planear sus escritos.
- Adapta su escritura según el objetivo y la audiencia con ayuda.
- Revisa atributos específicos en sus escritos (p. ej. ideas, organización, selección de palabras, fluidez oracional, reglas gramaticales y de puntuación) con ayuda.
- Incorpora en sus escritos las sugerencias hechas por otros con ayuda.
- Edita la puntuación, ortografía y gramática con mayor precisión.
- Usa varios recursos para editar (p. ej. diccionarios, glosarios y correctores ortográficos electrónicos) con ayuda.

Actitud y autoevaluación

- Desarrolla criterios para escribir de manera eficaz y en diferentes géneros con ayuda.

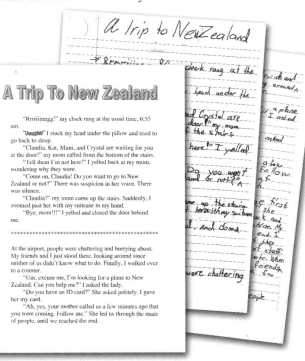

Lectores competentes

consejos
PARA LA FAMILIA

✓ **Conjuntamente lea el periódico y revistas, y discuta los artículos. Hable acerca de los múltiples temas y perspectivas en las noticias.**

✓ **Coleccione los libros de un autor favorito. Haga investigación del autor en la Internet. Anime a su niño o niña a escribir una carta al autor. Envíe la carta con el franqueo de retorno a la editorial que figura, cerca del copyright, en la tapa del libro.**

Los lectores competentes buscan literatura infantil compleja y pueden escoger libros para leer independientemente. Leen una variedad de géneros, como ficción realista, ficción histórica, biografías, no ficticios. Estos libros a veces se ambientan en otros países y períodos históricos. Las novelas a menudo tratan temas complejos, como la supervivencia (*Island of the Blue Dolphins* por Scott O'Dell, 1960), la muerte (*Bridge to Terabithia* por Katherine Paterson, 1977), o la guerra (*Number the Stars* por Lois Lowry, 1989). Los estudiantes son capaces de hablar acerca del discurso, propósito, estilo y habilidad del autor. Los lectores competentes comienzan a escribir y hablar de literatura en un nivel más profundo y a usar razones y ejemplos para respaldar sus opiniones. Ellos exploran los temas al leer materiales de ficción y no ficticios, y pueden ubicar información acerca de un tema usando varios recursos independientemente. Algunos estudiantes en este nivel disfrutan las revistas que presentan más dificultad, como *Zillions: Consumer Reports for Kids.*

Tipos de textos y lectura oral
- Lee literatura infantil compleja.
- Lee y entiende textos informativos (p. ej. avisos, folletos, programas, catálogos, manuales) con ayuda.
- Usa estrategias y pautas para elegir textos por sí mismo.

Estrategias de lectura
- Usa varios recursos (p. ej. enciclopedias, artículos, Internet y textos informativos) para encontrar información.
- Reúne y analiza información de gráficas, diagramas, tablas y mapas con ayuda.
- Integra información de diferentes textos no ficticios para aumentar su comprensión sobre algún tema con ayuda.
- Usa varios recursos (p. ej. diccionario y tesauros) para aumentar su vocabulario por sí mismo.

Comprensión y respuesta
- Identifica elementos literarios (p. ej. símiles, metáforas).
- Discute literatura con referencia al tema, propósito y estilo del autor (elementos literarios), y habilidades del autor.
- Empieza a generar respuestas de alto valor crítico en grupos pequeños de discusión literaria.
- Empieza a generar respuestas escritas de alto valor crítico a la literatura.
- Utiliza un vocabulario cada vez más complejo en sus respuestas orales y escritas a la literatura.
- Usa razones y ejemplos para respaldar sus ideas y conclusiones.
- Busca significados sofisticados por medio de la "lectura entrelíneas" al responder a la literatura.

Escritores competentes

En la etapa Competente, los estudiantes son escritores enérgicos que pueden escribir persuasivamente acerca de sus ideas, sentimientos y opiniones. Sus escritos de ficción y no ficticios son organizados, y pueden entretejer información de varias fuentes con algo de ayuda del adulto. Usan oraciones complejas, lenguaje sofisticado y lenguaje figurado independientemente y su escritura es descriptiva. Los lectores competentes están aprendiendo a crear ficción con ambientes detallados, y argumentos y personajes bien desarrollados. Los estudiantes revisan, editan y publican algunos de sus trabajos independientemente. Comienzan a fijar sus propias metas e identifican maneras en que puedan mejorar como escritores.

consejos
PARA LA FAMILIA

Discuta películas y programas de TV junto con el niño o niña. Converse acerca de las decisiones y las opciones del escritor o del lector. Compare el libro y la versión cinematográfica.

Ayude a su niño o niña a ubicar información en enciclopedias, materiales no ficticios y en la Internet.

Tipos de textos

- Escribe de manera persuasiva acerca de ideas, sentimientos y opiniones.
- Crea tramas con problemas y soluciones.
- Empieza a desarrollar personajes principales y a describir escenarios detallados.
- Empieza a escribir textos no ficticios organizados y fluidos, e incluye una bibliografía simple.

Contenido y atributos

- Escribe párrafos coherentes, incluyendo razones y ejemplos con ayuda.
- Usa oraciones de transición para conectar párrafos.
- Varía las estructuras de sus oraciones, introducciones y finales.
- Empieza a usar lenguaje descriptivo, detalles y símiles.
- Usa su voz de escritor para evocar reacciones emocionales.
- Empieza a integrar en sus temas información procedente de varios recursos.

Proceso

- Empieza a revisar atributos específicos (p. ej. ideas, organización, elección de palabras, fluidez oracional, reglas gramaticales y puntuación).
- Usa recursos para editar (p. ej. diccionarios, glosarios, corrector ortográfico) independientemente.
- Elige y publica escritos en formatos refinados independientemente.

Convenciones

- Empieza a usar una puntuación compleja (p. ej. comas, puntos, dos puntos y comillas) adecuadamente.

Actitud y autoevaluación

- Empieza a fijarse metas y a identificar estrategias para mejorar su escritura en diferentes géneros.

Lectores que conectan

En la etapa de Conexión, los estudiantes leen literatura infantil compleja y también literatura para jóvenes. Estos libros incluyen argumentos plenamente desarrollados que a menudo plantean cuestiones complejas, como la libertad, la verdad, el bien y el mal, y los derechos humanos. Libros como *Nothing but the Truth* (Avi, 1991) o *Slave Dancer* (Paula Fox, 1973) a menudo exigen conocer los antecedentes y tener capacidad de examinar múltiples perspectivas de un tema. Muchos libros incluyen lenguaje sofisticado (como las series Redwall por Brian Jacques) o argumentos complejos (como *A Wrinkle in Time* por Madeleine L'Engle, 1962). Otros libros, como *The Giver* (Lois Lowry, 1993), *Wringer* (Jerry Spinelli, 1997), o *The Last Book in the Universe* (Rodman Philbrick, 2000) plantean cuestiones complejas. Sus personajes a menudo se aproximan a la adolescencia. Los estudiantes en estas etapas leen una variedad de géneros independientemente y son capaces de integrar información de ficción y no ficticia para desarrollar una comprensión más profunda de un tema. Pueden contribuir a discusiones, y mantenerlas, acerca de lo que leen, y comienzan a desarrollar criterios para evaluar la literatura. Piden recomendaciones y opiniones a otros acerca de libros. Los lectores que conectan son capaces de fijar sus propias metas de lecturas y desafíos independientemente.

consejos
PARA LA FAMILIA

✓ **Reconozca los intereses más maduros de su adolescente o preadolescente y ayúdelo(la) a hallar los libros adecuados. No se pierda la magnífica selección de literatura para jóvenes.**

✓ **Manténgase al día con las reseñas de libros en periódicos, en la Internet, en librerías y bibliotecas.**

✓ **Aunque no tenga tiempo de lectura en común, lea los libros que su niño o niña lee y luego converse acerca del libro.**

Tipos de textos y lectura oral
- Lee literatura infantil compleja y literatura para jóvenes.
- Selecciona, lee y termina una gran variedad de géneros literarios por sí mismo.

Actitud ante la lectura
- Empieza a elegir textos y proyectos desafiantes.

Estrategias de lectura
- Integra información no ficticia para desarrollar una comprensión más profunda de un tema por sí mismo.
- Empieza a reunir, analizar y usar información de gráficas, diagramas, tablas y mapas.

Comprensión y respuesta
- Genera respuestas de un razonamiento profundo y sostiene discusiones literarias en grupos pequeños.
- Genera respuestas escritas de alto criterio a la literatura.
- Empieza a evaluar, interpretar y analizar críticamente el contenido de la lectura.
- Empieza a desarrollar pautas para evaluar la literatura.
- Busca recomendaciones y opiniones de otros en cuanto a la literatura.

Actitud y autoevaluación
- Se fija retos y metas de lectura por sí mismo.

Escritores que conectan

Tipos de textos

- Escribe en una variedad de géneros y formas para diferentes lectores y con diferentes objetivos independientemente.
- Crea tramas con clímax.
- Crea historias con escenarios y personajes verosímiles.
- Escribe textos no ficticios bien organizados, fluidos y detallados independientemente, con una bibliografía en formato correcto.

Contenido y atributos

- Escribe párrafos cohesivos e incluye razones explicativas y ejemplos.
- Usa lenguaje descriptivo y figurado, detalles y símiles para realzar sus ideas independientemente.
- Empieza a usar diálogos para realzar el desarrollo de sus personajes.
- Incorpora su postura personal en sus escritos con más frecuencia.
- Integra información de fuentes variadas independientemente.
- Crea mapas, gráficas y tablas para dar información cuando es pertinente.

Proceso

- Usa eficazmente estrategias previas a la escritura para organizar y fortalecer sus escritos.
- Revisa atributos específicos (p. ej. ideas, organización, elección de palabras, fluidez oracional, reglas gramaticales y puntuación) independientemente.
- Elimina palabras como parte de sus estrategias de revisión.
- Incorpora las sugerencias de otros en sus escritos por sí mismo.

Mecánica y convenciones

- Usa una puntuación compleja (p. ej. comas, puntos, dos puntos, comillas) con creciente precisión.

En la etapa de Conexión, los estudiantes escriben en una variedad de géneros y formas con distintos propósitos y para distintas audiencias. Los estudiantes usan muchas estrategias previas a la escritura para organizar y afirmar su escritura. Redactan párrafos cohesivos y usan razones y ejemplos para respaldarse. Los escritores que conectan integran información de fuentes múltiples y crean gráficas y tablas para trasmitir información. Redactan escritos no ficticios organizados, fluidos y detallados con bibliografías y con el formato correcto. En su propia ficción, los estudiantes crean argumentos con un clímax y personajes verosímiles. En esta etapa, los escritores usan lenguaje descriptivo, detalles y lenguaje figurado independientemente, y pueden usar diálogo para realzar el desarrollo de personajes. Los escritores que conectan revisan los atributos específicos de la escritura (como organización o fluidez oracional) independientemente. A medida que revisan, los estudiantes hacen varios borradores por sí mismos y pueden reescribir o eliminar partes. Piden la opinión de los demás e incorporan las sugerencias en sus escritos.

onsejos PARA LA FAMILIA

Juegue con su niño o niña juegos con palabras, por ejemplo *Boggle* o *Scrabble*.

Comparta ejemplos de buena redacción extraídos de artículos o libros que haya leído.

My First Two Weeks of Middle School

As I ascended the worn stairs a huge lurch in my stomach reminded me that this was the first day of middle school. Grasping my new notebooks and pencils I quickly searched for a teacher that might help me but found no one. It was so early not even the roosters had sung their daily cock-a-doodle-dos. Running frantically frustrated to a sobbing point, is suddenly occurred to me that I was alone. After leaving so early the world seemed to simply empty itself of any living thing. And finally I ran (literally) into Carly, who was going to seventh grade this year, 15 minutes later I was sitting down patiently awaiting in front of the dark library awaiting the arrival of my synergy teacher to get me organized. Later, after school, I came back with a bundle of organization tools and got everything in my locker organized. Now I looked up to the stars with a shining light of hope for the term.

I remember the summer before middle school very well and am not going to forget it too soon. In preparation for every subject, it was very stressing to keep up with every thing going on but it proved to be very worthy. Scanning through textbooks reviewing math, reading as much as I could to strengthen my reading skills, practicing my flute to stay in shape, and running at least a mile every day for P.E. It was comforting, but on the first day I shuddered on how I would feel if I didn't prepare. It was nice of the school to give us a practice day and meet all the teachers, but it just intensified my fears of the first real day.

Lunch was a problem. A big one. Not being used to eating with mixed grades, it was very disturbing to eat while some high schoolers behind you chatted like they needed it to breathe. For the first few days my fears overcame me and I just ate sandwiches while wandering endlessly in the hollowed halls of ISB. But finally some friends I had in 7th grade invited me to eat with them while passing them with my usual chicken sandwich. And being deprived too long of my 5th grade friends, I finally spent a whole lunch time looking for my long lost friends. When they finally popped up, a wave of relief came thundering down on me in a pleasant way.

Lectores
independientes

Los estudiantes en esta etapa leen literatura para jóvenes y para adultos. Los libros para jóvenes a menudo enfocan temas del crecimiento y el ingreso a la edad adulta. Incluyen personajes múltiples que enfrentan cuestiones complejas y obstáculos que imponen desafíos. Algunos ejemplos de novelas para jóvenes son *Ironman* (Chris Crutcher, 1995), *The Devil's Arithmetic* (Jane Yolen, 1988), *The Golden Compass* (Philip Pullman, 1995), *Shabanu* (Suzanne Fisher Staples, 1989), y las series de *The Lord of the Rings* por J. R. R. Tolkien. Estos estudiantes leen una gama de materiales sofisticados por recreación, en busca de información y para resolver problemas. Por ejemplo, pueden leer periódicos y revistas, bajar información de un sitio Web, o leen biografías más largas, como *Eleanor Roosevelt* por Russell Freedman (1993). Cuando responden a la literatura en discusiones o por escrito, los estudiantes añaden comentarios perspicaces a medida que establecen conexiones entre otros libros y autores, sus conocimientos de base y sus propias vidas. Ellos captan los desafíos complejos de la lectura y son capaces de evaluar y analizar lo que leen. Los lectores independientes se interesan en escuchar las perspectivas de otras personas y en compartir sus opiniones de lo que leyeron.

consejos
PARA LA FAMILIA

✓ **Converse acerca de los libros que está leyendo. Comparta pasajes o citas interesantes.**

✓ **Suscríbase a una revista, basándose en los intereses de su niño o niña. Aunque usted pueda preferir otro tema, ello mantendrá a su niño o niña leyendo a una edad en que la lectura tiende a decaer.**

Tipos de textos y lectura oral

- Lee literatura para jóvenes y adultos.
- Elige y comprende una gran variedad de textos sofisticados con facilidad (p. ej. periódicos, revistas, manuales, novelas y poesía).
- Lee y entiende textos informativos (p. ej. manuales, informes al consumidor, solicitudes y formas).

Actitud ante la lectura

- Lee textos más difíciles por recreación independientemente.
- Lee textos más difíciles en busca de información y para resolver problemas independientemente.
- Persevera en medis de tareas complejos de lectura.

Reading Strategies

- Reúne, analiza y usa información de gráficas, diagramas, tablas y mapas independientemente.

Comprensión y respuesta

- Analiza elementos literarios (p. ej. metáforas, lenguaje figurado, ironía y sátira).
- Contribuye con opiniones exclusivas y respalda dichas opiniones en discusiones literarias complejas.
- Añade profundidad a las respuestas literarias haciendo conexiones perspicaces con otros textos y experiencias.
- Evalúa, interpreta y analiza críticamente el contenido en la lectura.
- Desarrolla y articula pautas para evaluar la literatura.

Actitud y autoevaluación

- Busca una comunidad más amplia de lectores independientemente.

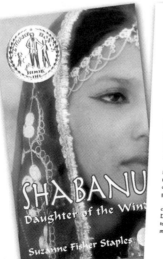

Escritores independientes

Los escritores en la etapa Independiente crean ficción cohesiva y profunda con lenguaje elegido meticulosamente y agudos personajes, ambientación, argumentos y temperamento. Usan efectivamente el diálogo y recursos literarios (como metáforas y lenguaje figurado). También producen escritos no ficticios, precisos y fluidos, en una variedad de temas. Escribir se ha vuelto natural y ellos han integrado el proceso de escritura. Los escritores independientes buscan opinión de los demás y trabajan en varios borradores. Comienzan a desarrollar una voz y un estilo personal de escritura. En los borradores finales, hay muy pocos errores ortográficos, de puntuación o gramaticales. Los estudiantes en esta etapa pueden analizar sus propios escritos y establecer metas independientemente. Escriben con seguridad y competencia, y perseveran con proyectos complejos de escritura.

Tipos de textos

- Escribe textos no ficticios organizados, fluidos, precisos y exhaustivos, e incluye una bibliografía en formato correcto.
- Escribe poesía y ficción de manera cohesiva, fluida y eficaz.

Contenido y atributos

- Usa párrafos con secuencia clara y con transiciones efectivas.
- Empieza a incorporar aspectos literarios (p. ej. lenguaje figurado, metáforas, personificaciones y predicciones).
- Entreteje diálogos de manera efectiva en sus historias.
- Desarrolla eficazmente tramas, personajes, escenarios y temperamento (elementos literarios).
- Empieza a desarrollar voz y estilo personal en sus escritos.

Proceso

- Hace revisiones profundas de sus borradores independientemente.
- Se interesa en conocer las reacciones de otros e incorpora sugerencias para fortalecer sus escritos.
- Publica escritos en formatos refinados para diferentes tipos de lectores y con propósitos diversos por sí mismo.
- Asimila el proceso de escritura.

Convenciones

- Usa sistemáticamente la gramática correcta (p. ej. concordancia entre sujeto y verbo, tiempos verbales).

Actitud y autoevaluación

- Escribe con confianza y competentemente sobre una variedad de temas independientemente.
- Persevera para realizar trabajos de escritura complejos y desafiantes independientemente.
- Se fija metas de escritura por sí mismo al analizar y evaluar sus propios escritos.

consejos

PARA LA FAMILIA

Haga rompecabezas de palabras con su niño o niña.

Anime a su niño o niña a tomar clases de escritura o periodismo, o a presentar sus escritos a la revista literaria de la escuela o en un concurso de escritura.

Cuando terminemos de leer, háganme algunas de estas preguntas.	*Cuando terminemos de leer, háganme algunas de estas preguntas.*	*Cuando terminemos de leer, háganme algunas de estas preguntas.*
¿Qué palabras riman en la historia?	¿Qué ocurrió al comienzo (o final) de la historia?	¿Qué ocurrió (al comienzo, en la mitad o al final) de la historia?
¿Qué ocurrió en la historia?	¿Qué ocurrió en la historia?	¿Cuál era la idea principal de la historia?
¿Quiénes son los personajes de la historia?	¿Quiénes son los personajes de la historia?	¿Quiénes son los personajes de la historia?
¿Qué parte de la historia te gustó más?	¿Qué parte de la historia te gustó más?	¿Quién era el personaje principal? ¿Te gustó o no te gustó?
Cuéntanos acerca de (cosas, lugares o animales) en la historia.	Cuéntanos acerca de (cosas, lugares o animales) en la historia.	¿Cuál era el escenario?
¿Qué título tiene la historia?	¿En qué se parecían y en qué se diferenciaban (dos personajes del cuento)?	¿En qué se parecían y en qué se diferenciaban (dos personajes del cuento)?
		¿Qué problema había en la historia y cómo se resolvió?
		¿Esta historia te recuerda algo que hayas hecho o leído?
Emergente	**En desarrollo**	**Principiante**

Columna 1

Cuando terminemos de leer, háganme algunas de estas preguntas.

Vuelve a narrar los eventos principales de la historia, en orden.

¿Cuál era la idea principal de la historia?

¿Quiénes son los personajes de la historia y cómo eran?

¿Por qué piensas que (nombre de un personaje) actuó de esa manera?

¿Cuál era el escenario?

¿En qué se parecían y en qué se diferenciaban (dos personajes del cuento)?

¿Qué problema había en la historia y cómo se resolvió?

¿Esta historia te recuerda algo que hayas hecho o leído?

¿Qué trataba de decir el autor al lector?

En expansión

Columna 2

Cuando terminemos de leer, háganme algunas de estas preguntas.

Resume lo que ocurrió en la historia.

¿Cuál era la idea principal de la historia?

¿Quiénes son los personajes de la historia y cómo eran?

¿Por qué piensas que (nombre de un personaje) actuó de esa manera?

¿Cuál piensas que era el objetivo del autor al escribir esta obra?

¿En qué se parecían y en qué se diferenciaban (dos personajes del cuento)?

¿Qué oración da la idea más importante en la selección?

¿La historia te recuerda algo que hayas hecho o leído?

¿Qué trataba de decir el autor al lector?

Consolida

Columna 3

Cuando terminemos de leer, háganme algunas de estas preguntas.

Resume lo que ocurrió en la historia.

¿Cuál era la idea principal de la obra?

Describe los personajes, sus cualidades y cómo interactúan uno con otro en la historia.

¿Por qué piensas que (nombre de un evento) ocurrió de esa manera?

¿Cuál piensas que era el mensaje del autor al escribir esta obra? ¿Estás de acuerdo con el mensaje?

¿Qué problema enfrentó el personaje en la obra? ¿Cómo se sintió el personaje en cuanto al problema?

¿Qué piensas que ocurrirá después si el libro continuara?

¿Qué trataba de decir el autor al lector?

Desenvuelto

Cuando terminemos de leer, háganme algunas de estas preguntas.

Resume lo que ocurrió en la historia.

◆

¿Cuál era la idea principal de la obra?
¿Qué oraciones respaldan tu punto de vista?

◆

Describe los personajes, sus características y cómo interactúan uno con otro en la historia.

◆

Halla dos símiles o metáforas en la obra.

◆

¿Cuál piensas que era el mensaje del autor al escribir esta obra?
¿Estás de acuerdo con el mensaje?

◆

¿Qué problema enfrentó el personaje en la obra?
¿Cómo se sintió el personaje en cuanto al problema?

◆

¿Cómo describirías el estilo de este autor?

◆

¿Qué trataba de decir el autor al lector?

Competente

Cuando terminemos de leer, háganme algunas de estas preguntas.

Resume lo que ocurrió en la historia.

◆

¿Cuál era la idea principal de la obra?
¿Qué oraciones respaldan tu punto de vista?

◆

Analiza los personajes, sus cualidades y cómo interactúan uno con otro en la historia.

◆

Halla dos símiles o metáforas en la obra.

◆

¿Recomendarías esta obra a otra persona? ¿Por qué?

◆

¿Qué problema enfrentó el personaje en la obra?
¿Cómo se sintió el personaje en cuanto al problema?

◆

¿Cómo describirías el estilo de este autor?

◆

¿Cuál es el objetivo del autor al escribir esta obra?

Conecta e Independiente